Tómate un respiro

El arte de no hacer nada

EDICIÓN DE FRANCIS AMALFI

OCEANO AMBAR

Primera edición, otoño 2004
Portada: P&M.

Tómate un respiro
El arte de no hacer nada

Milanesat, 21-23 – 08017 Barcelona
Tel.: 93 280 20 20* – Fax: 93 203 17 91
www.oceano.com

ISBN: 84-7556-058-X
Depósito Legal: B-46415-XLVII
Impreso en España - Printed in Spain
9001571011104

«Tómate un respiro;
el campo que ha reposado
da una cosecha más abundante.»

OVIDIO

Contenidos

Un paréntesis reparador

En un relato oriental, un hombre galopa sobre su caballo como un rayo desbocado. Cuando un campesino le pregunta al jinete adónde va, éste responde: «No lo sé, pregúntale al caballo».

Esto ilustra perfectamente el espíritu que impera en nuestros días, en los que una persona trabaja más horas de las que duerme, gasta más de lo que tiene y sólo ve interrumpida su agenda por las constantes llamadas que entran en su teléfono móvil.

La velocidad que impone nuestro modo de vida —siempre corriendo de una meta a la siguiente— a menudo hace que olvidemos el verdadero objetivo de la carrera: disfrutar del camino. Este libro inspirador ha sido diseñado para aquellas personas que tienen dificultades para desconectar de las obligaciones, echar el freno y relajarse.

Un descanso de calidad permite renovar el cuerpo, la mente y el espíritu para volver a las tareas diarias con energías redobladas. Para conseguirlo, TÓMATE UN RESPIRO cuenta con testimonios personales, sugerencias prácticas, cuentos con mensaje y consejos iluminadores para aprender a disfrutar del tiempo libre: la única divisa que nunca pierde valor.

En los testimonios personales, los entrevistados respondieron a las preguntas: «¿Sabes estar sin hacer nada?», «¿Recuerdas algún momento de ocio o inactividad especialmente iluminador o placentero?», «¿Puedes describir un momento que recuerdes de intensa felicidad?».

Además del valor de sus respuestas, fue sorprendente comprobar cuántas personas tuvieron ganas de sincerarse, abriendo las puertas de su paraíso particular.

Este libro se completa con textos inspiradores sobre el tiempo libre y la felicidad de personalidades como Hermann Hesse, Carmen Laforet, Paulo Coelho o Werner Herzog. Incluye además una serie de listas prácticas para hacer de los momentos de ocio un remanso de calma, crecimiento e iluminación.

Despídete por un tiempo de las prisas, de la impaciencia y la ansiedad. Tómate unas vacaciones donde la ambición, los objetivos y las frustraciones no tengan cabida. Estás a punto de hacer la inversión más rentable y productiva que existe: tu propia felicidad.

FRANCIS AMALFI

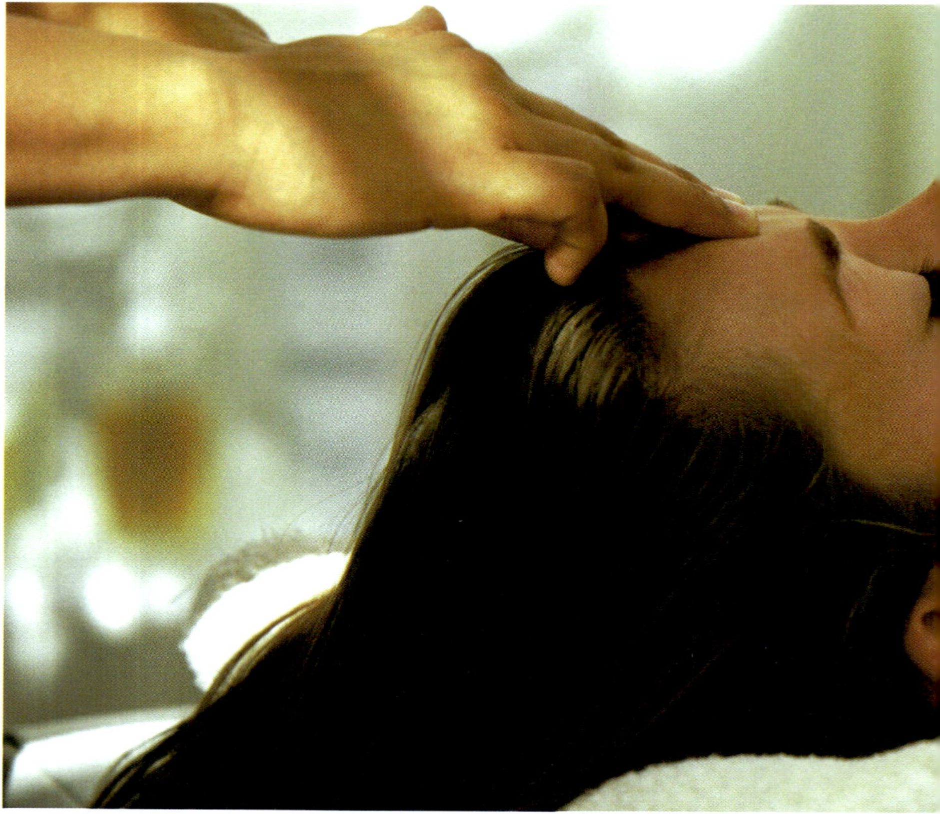

El balneario en casa

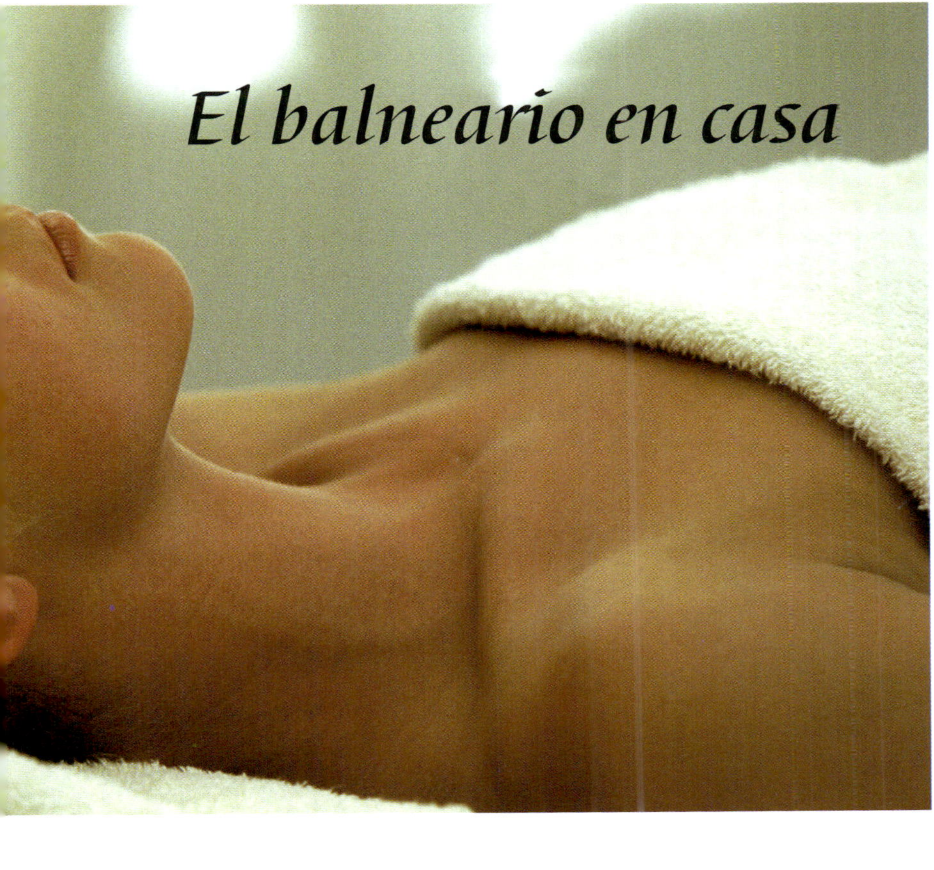

Hidroterapia casera

Hace tres milenios, Tales de Mileto ya decía que el agua es el principio original de todas las cosas; todo procede de ella y a ella todo vuelve. El agua cubre el 70 % de la superficie de la Tierra y, como se sabe, compone aproximadamente más del 60 % del cuerpo humano.

No es extraño, por lo tanto, que relacionemos las superficies líquidas —el mar, un lago, un riachuelo, incluso una piscina— con el descanso y la pereza. También en casa, la imagen de una bañera humeante y espumosa desata en nosotros el deseo de detener el mundo por un rato.

En cuanto a la ingestión de líquidos, los especialistas recomiendan al menos seis vasos al día, cuota que puede llegar a doblarse en verano, cuando el cuerpo se deshidrata muy rápidamente.

La hidroterapia, tanto interna como externa, es, en cualquier caso, una excelente manera de relajarse y mantener el cuerpo en óptimas condiciones. Sea en frío o en caliente, la hidroterapia es una compleja técnica médica de poderosos efectos que, de todas formas, está al alcance de todos. Al final de este libro aconsejamos bibliografía útil a los interesados en saber más sobre su uso y efectos.

Entre muchos otros beneficios, una buena hidratación...

1. Desactiva el estrés.
2. Aumenta la capacidad de concentración.
3. Embellece y rejuvenece la piel.
4. Combate la obesidad.
5. Regula la temperatura del cuerpo.
6. Ayuda a hacer la digestión.
7. Facilita el transporte de nutrientes en el organismo.
8. Previene los cálculos renales.

Todo el mundo puede adoptar prácticas de hidroterapia en casa. No es imprescindible acudir a un balneario, o a los nuevos «SPA» —las siglas de *Salute per aqua*— para disfrutar de los beneficios de la hidroterapia. Estas cuatro sugerencias son una excelente excusa para tomarse un respiro y dar entrada a la calma:

Baño de espuma: hay pocos placeres tan gratificantes como una bañera llena de espuma después de una jornada de agitación y prisas. La temperatura del agua no debería superar los 38 °C y se aconseja que el baño no exceda los 20 minutos, ya que puede afectar negativamente a la circulación. Una luz tenue y música suave potenciará aún más el efecto relajante del baño.

Baño de colores: los especialistas en cromoterapia aseguran que el color del gel con el que teñimos el agua de la bañera incide en el estado de ánimo (*ver sección* «7 colores para el estado de ánimo», *pág.* 69).

Baño de esencias: para dar un toque aromático a un baño reparador, puede agregarse al agua sales minerales o bien aceites esenciales, que serán de este modo fácilmente absorbidos por la piel (*ver sección* «7 aromas para elevar el espíritu», *pág.* 55).

Hidromasaje: una buena alternativa para los que no disponen de bañera o prefieren un masaje estimulante. Basta con tener una ducha con suficiente presión. Empezaremos dirigiendo el chorro sobre las extremidades —pies y manos— y ascenderemos poco a poco para masajear rodillas, brazos, hombros, zona lumbar, espalda, abdomen, pecho y cuello. Lo ideal es combinar chorros de agua caliente (aprox. 40 ºC) durante unos minutos y luego cambiar al agua fría (10 a 15 ºC) durante 20 segundos.

Beneficios del hidromasaje con agua caliente y fría:

1. Mitiga la tensión muscular.
2. Destapa las vías respiratorias.
3. Activa la circulación.
4. Tonifica la piel.

La música del corazón

«Lo que es iluminador no tiene por qué ser placentero. Para mí un momento de luz es cuando detienes todo lo que estás haciendo y tomas una solución drástica y por supuesto disparatada y poco recomendable. Pero estás dispuesta a emprenderla porque has encontrado una especie de verdad que nadie puede arrebatarte.

Felicidades intensas: el principio de un libro que promete ser fascinante, la llamada que llega en el momento oportuno, reencontrarte con una carta de amor que habías olvidado, prepararte para una cita, que un amigo/a venga a tu casa a tomar el té, llorar porque una música es tan bella que no parece humana, llorar porque una sentimiento es tan bello que parece humano…»

VERA, 29, editora.

La voz de la abuela

Todo el día había transcurrido como un sueño. Después de comer me senté, encogida, metidos los pies en unas grandes zapatillas de fieltro, junto al brasero de la abuela. Escuchaba el ruido de la lluvia. Los hilos del agua iban limpiando con su fuerza el polvo de los cristales del balcón. Primero habían formado una capa pegajosa de cieno, ahora las gotas resbalaban libremente por la superficie brillante y gris.

No tenía ganas de moverme ni de hacer nada, y por primera vez eché de menos uno de aquellos cigarrillos de Román. La abuelita vino a hacerme compañía. Vi que trataba de coser con sus torpes y temblonas manos un trajecito del niño. Gloria llegó un rato después y empezó a charlar, con las manos cruzadas bajo la nuca. La abuelita hablaba también, como siempre, de los mismos temas. Eran hechos recientes, de la pasada guerra, y antiguos, de muchos años atrás, cuando sus hijos eran niños. En mi cabeza, un poco dolorida, se mezclaban las dos voces en una cantinela con fondo de lluvia y me adormecían.

CARMEN LAFORET, *Nada*.

El arte de respirar

Se cuenta que John Lennon conoció a la que sería su mujer, Yoko Ono, en una exposición de arte. Al parecer, la atribulada vida de estrella de rock estaba pasando factura a Lennon; por eso le llamó la atención esta artista japonesa, que se acercó a él sigilosamente y le entregó una pequeña postal en la que ponía «*Respira*».

Respirar es la actividad más importante que realizamos los seres vivos —también los árboles respiran—, aunque a menudo olvidamos hacerlo bien y en calma. Una de las ventajas de la inactividad es que nos permite reencontrar una respiración profunda y tonificante.

Este sencillo ejercicio es una buena práctica para iniciarse en el arte de respirar:

1. Sitúate delante de una ventana abierta y fija tu mirada en el horizonte o en un punto determinado.

2. La inspiración —lenta y profunda— debe seguir tres fases ligadas: primero implicamos el estómago, luego levantamos los pulmones y finalmente las clavículas.

3. Para lograr un efecto relajante, se aconseja retener el aire un par de segundos después de haber completado la inspiración, para luego soltar todo el aire lentamente.

4. El ritmo de inspiraciones y exhalaciones debe ser lo más lento y profundo posible. En ese sentido, una respiración bien ejercitada se reconoce porque es completamente silenciosa.

Yoko Ono tenía más postales en la mano. Una de ellas era una simple cartulina blanca agujereada. Detrás se podía leer: «*Agujero para ver el cielo a través de él*».

Holgazanear en la cama

«Me encanta tumbarme al sol en invierno y dejar que la cabeza vaya sola por aquella frontera que hay entre la vigilia y el sueño. Es uno de mis lugares favoritos, que visito los fines de semana que puedo quedarme medio durmiendo por la mañana. Cuando entra el sol en la habitación, permanezco completamente inmóvil en la cama jugando a dormirme otra vez o, ya despierta, sigo tumbada, charlando con mi compañero o sin charlar, sólo teniendo algún punto de nuestro cuerpo en contacto (los pies, por ejemplo) para saber que sigue allí.

Un momento sublime que recuerdo fue en una playa en el País Vasco durante la Semana Santa. La encontramos por casualidad y nos dimos cuenta que hacía un día espléndido para tumbarnos al lado del agua, aunque no lo habíamos previsto. No había absolutamente nadie y el paisaje era fantástico, muy relajante. Nos desnudamos del todo y estuvimos horas al sol, dormitando, charlando y leyendo. Infravaloramos el poder del sol de marzo y por la noche parecíamos dos gambas, aunque estábamos muy contentos.»

EVA, 31, redactora

El pulso de la vida

«Cuando estoy sin hacer nada, a menudo tengo remordimientos porque por mi cabeza pasan mil cosas que podría estar haciendo en lugar de no hacer nada. Me temo que es patológico.

A veces, sin embargo, emprendo cosas que me aportan tranquilidad y serenidad: sentarme a charlar con un amigo, patinar sobre lagos helados, un atardecer en una playa solitaria, una tarde de café, una buena película, o simplemente observar la vida desde el banco de un parque.

Si tengo que elegir un momento, tal vez recordaría cuando escuché por primera vez el corazoncito del hijo que llevaba en mi barriga. Fue un sentimiento impresionante muy difícil de explicar.»

LAURA, 31, investigadora médica

YOUR BOOK
VI

Instrucciones para leer

«Adopta la postura más cómoda: sentado, tumbado, aovillado, acostado. Acostado de espaldas, de costado, boca abajo. En un sillón, en el sofá, en la mecedora, en la tumbona, en el puf. En la hamaca, si tienes una hamaca. Sobre la cama, naturalmente, o dentro de la cama (...)

Bueno, ¿a qué esperas? Extiende las piernas, alarga también los pies sobre un cojín, sobre dos cojines, sobre los brazos del sofá, sobre las orejas del sillón, sobre la mesita de té, sobre el escritorio, sobre el piano, sobre el globo terráqueo. Quítate los zapatos primero (...)

Regula la luz de modo que no te fatigue la vista. Hazlo ahora, porque en cuanto te hayas sumido en la lectura ya no habrá forma de moverte. Haz de modo que la página no quede en sombra, un adensarse de letras negras sobre un fondo gris, uniformes como un tropel de ratones; pero ten cuidado de que no le caiga encima una luz demasiado fuerte y que no se refleje sobre la cruda blancura del papel royendo las sombras de los caracteres como en un mediodía del Sur.»

ITALO CALVINO, *Si una noche de invierno un viajero.*

7 novelas para una isla desierta

— *El barón rampante*, Italo Calvino
— *Los viajes de Gulliver*, Jonathan Swift
— *El mago*, John Fowles
— *Mecanoscrito del segundo origen*, Manuel de Pedrolo
— *El desierto de los tártaros*, Dino Buzzati
— *Siddhartha*, Hermann Hesse
— *Las nueve revelaciones*, James Redfield

7 pintores para armonizar el espacio

— Paul Klee

— Odilon Redon

— Giovanni Segantini

— Georgia O'Keeffe

— August Macke

— Gustav Klimt

— Miquel Barceló

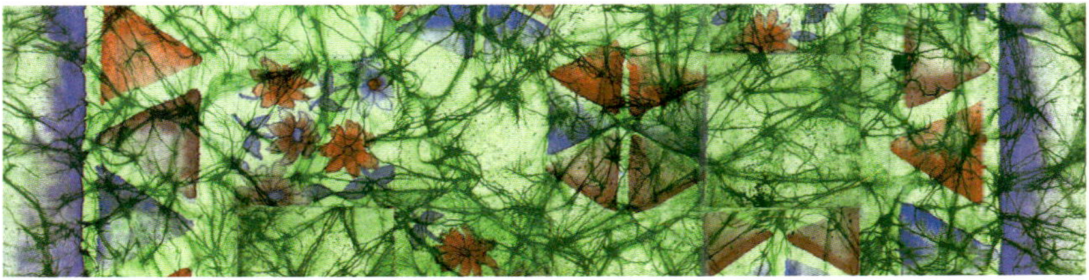

Latidos de la naturaleza

El perfume de la cumbre

Por la ventana vi un cuervo posarse en el tejado de enfrente, inmóvil bajo la lluvia, con la cabeza hundida; se ha quedado así. Mucho tiempo después, allí seguía, solitario, tiritando de frío, sumergido en las meditaciones propias de un córvido. Surgió entonces en mí un anhelo de confraternización y la soledad me inundó el pecho. (...)

Una mañana perfecta. En completa armonía conmigo mismo, acometo con buen pie el ascenso de la montaña. El pensar intensamente que vuelo con esquís me vuelve ligero, como si anduviera suspendido. Por todas partes, miel, colmenas y residencias secundarias clausuradas, en las laderas del valle. Con la mirada busqué la más hermosa, me pregunté por qué no introducirme en ella y pasar ahí el día, pero era un día demasiado bueno como para no caminar y seguí adelante. Por primera vez llegué a la cima, en la zona forestal, casi sin darme cuenta, tan absorto estaba en mis pensamientos. El aire es de una pureza y de una frescura perfectas; más arriba, un poco de nieve. Las mandarinas me ponen totalmente eufórico.

WERNER HERZOG, *Del caminar sobre el hielo.*

Correr descalza

«Después de un largo viaje en bicicleta bajo un sol aterrador, llegamos a un camping que no tenía nada de especial, pero recuerdo que había una planta cuya forma me cautivó y estuve mirándola durante largo rato, cayendo en una especie de letargo. Lo mismo me sucede con las bandadas de golondrinas que anuncian la llegada del tiempo cálido.

Cuando era pequeña me gustaba mucho correr por el campo descalza. Entonces yo tenía el deseo de visitar el pueblo de mis mejores amigas, que eran tres hermanas. Había oído hablar de ese lugar durante siete años y lo había reproducido en mi imaginación con todo lo que me explicaban. Cuando cumplí los ocho años me dejaron ir a visitarlas, y estuve dos meses enteros haciendo vacaciones en su pueblo. Nunca olvidaré el olor a jazmín del jardín de su abuela, la primera casa que vi al llegar.»

JUDIT, 32, profesora

10 destinos cerca del paraíso

— Islas Cícladas (Grecia)
— Desierto de Atacama (Chile)
— Backwaters de Kerala (India)
— Alpes julianos (Eslovenia)
— Desierto de Wadi Rum (Jordania)
— Ko Muk (Tailandia)
— Dunas de Sossuviel (Namibia)
— Islas vírgenes (Atlántico, Gran Bretaña)
— Gran Canyon (USA)
— Las Alpujarras (Granada, España)

Alegría natural

A veces oigo a la gente decir que la «Naturaleza» no les aporta nada, que no tienen ninguna relación con ella. Estas mismas personas se sienten alegres cuando irrumpe en sus vidas la luz primaveral, perezosas cuando calienta el sol del verano, cansadas cuando el día es bochornoso y vitales cuando sopla viento fresco. Esto ya es tener una relación con la naturaleza y sabiéndolo uno ya puede disfrutar de ella.

HERMANN HESSE, *El arte de la ociosidad.*

Regresar al paraíso

«A mí las cosas más insignificantes y cotidianas me proporcionan momentos sublimes y muy refinados: dormir de un tirón, comer bien, ver como rompen las olas, los campos de maíz dorado, una golondrina en vuelo rasante, el ruido de las hojas secas, beber de una fuente...

Es en estos momentos que tienes la sensación de regresar al paraíso del que fuimos expulsados (dicen). Propongo, por lo tanto, que regresemos conscientemente al paraíso siempre que podamos. Que no veamos la felicidad y la inactividad como algo prácticamente obsceno. Tal vez para ser feliz baste con ser consciente de lo que tienes a tu alrededor y nada más.»

DAVID, 31, médico

Los colores del alma

Ayer por la tarde me sucedió algo que voy a contarte tan exactamente como me sea posible. Conoces las tres encinas que están detrás del jardín de la casa; por cuarta vez me he metido con ellas. Durante tres días he estado sentado frente a las mismas con una tela del tamaño del cuadro de la choza y del cementerio de aldeanos que tú posees.

Se trataba de esos mechones de hojas color tabaco, de modelarlas y de darles la forma, el color, el tono que fuera necesario. Por la tarde cargué con el cuadro y me fui a Eindhoven, donde vive ese amigo mío que tiene un salón bastante lujoso (tapicería gris, muebles negro y oro) y colgamos la pintura.

¡Pues bien! Jamás he tenido tan firme convicción de que llegaría a hacer grandes cosas, que lograría emplear mis colores de manera de obtener el efecto que deseo. Había aquí tabaco, verde tierno y blanco (gris) y hasta blanco puro tal como sale del tubo. (Ves que por mi parte, aunque tengo debilidad por lo oscuro, no tengo ningún prejuicio contra el otro extremo, aun el más extremo.) Aunque este hombre tenga dinero, aunque hubiera querido tener mi cuadro, me sentí tan ardientemente alentado cuando vi que mi cuadro, tal como estaba, en la dulce y melancólica paz proveniente de la combinación de los colores, creaba una atmósfera, que no pude decidirme a venderlo.

Pero como se había quedado impresionado, yo se lo di, y él lo aceptó simplemente como yo quería, sin muchas palabras, diciéndome apenas que: «esta cosa está endiabladamente bien».

VINCENT VAN GOGH, *Cartas a Theo*.

Horizontes y visiones

Apuntes sobre el paisaje

Puedo contemplar una montaña y un científico podrá explicarme sus características, su composición por estratos, la riqueza de la tierra, la flora y fauna que posee. Pero yo quiero saber si esta montaña es un sueño o una realidad; quién la hizo o, si no la hizo nadie; por qué y para qué está aquí.

En un momento dado de mi vida —1957— decidí dejar los libros y la mística de lado para dedicarme exclusivamente a la acción, al servicio de las personas pobres. Sin embargo el espíritu no duerme. Mientras me dedicaba a arreglar el mundo externo, simultáneamente mi alma continuaba un viaje paralelo, inmersa en la investigación del Universo interno y el externo, tratando de buscar su lógica y desvelar los grandes misterios que envuelven al Hombre.

Con el paso de los años, mi alma ha puesto luz y orden al incógnito del más allá, alcanzando una comprensión global y razonable del mundo espiritual y material, de lo visible y lo invisible, teniendo como centro el Hombre y su Historia.

VICENTE FERRER, *El encuentro con la realidad.*

El hogar estrellado

«Los pocos momentos de inactividad que he podido disfrutar me los ha proporcionado la meditación. Recuerdo especialmente un día de primavera en la montaña; estaba sentada en las alturas frente a un maravilloso paisaje cuando relajé mi mente y abandoné toda forma de pensamiento activo; no luché contra la retahíla de pensamientos que acudían a mi mente, simplemente los dejaba entrar y salir sin concederles mi atención y me dejé llevar por la maravillosa imagen de las montañas, los árboles, el cielo... 'zambulléndome' en ellos, sintiéndome parte de la naturaleza.

Y entonces se produjo algo increíble: surgió en mí un sentimiento de amor tan absoluto por la naturaleza que me sentí inmensamente feliz y lloré por habérseme concedido la vida. Sentí que yo también era amada por ese cielo y esas montañas, y por algo superior de lo que partíamos todos. Esa sensación no se me olvidará jamás.

También recuerdo una noche de verano, en la playa, en la que me dejé absorber por un paisaje estrellado. Yo estaba tumbada en la arena mirando al cielo, dejándome llevar por ese espectáculo impresionante, cuando me sentí parte del firmamento. Deseé estar ahí arriba, entre las estrellas, y no volver a sentir nada más que esa grandeza sublime. También en ese momento lloré, por permitírseme existir y porque quizá algún día me integraría en ellas.»

MONIQUE, 29, artista

7 películas

— *Paris, Texas*, Wim Wenders
— *Una historia verdadera*, David Lynch
— *Las dos inglesas y el continente*, François Truffaut
— *El gran azul*, Luc Besson
— *La doble vida de Verónica*, Krzysztof Kieslowski
— *Dersu Uzala*, Akira Kurosawa
— *La mirada de Ulises*, Theo Angelopulos

El olor de la tierra

«Una vez, paseando por el campo con unos amigos, se puso a llover y mis gafas se empañaban continuamente, así que le pedí a una compañera que las guardara en su bolso. Pero ella y el grupo se adelantaron y yo me quedé rezagada. No tardé en perderme porque, aunque veía el camino, no diferenciaba formas nítidas más allá de diez metros

Como no sabía adónde ir, me detuve un rato entre la hierba y los trigales húmedos, mirando cómo se movía cada pequeño insecto que aparecía ante mí. Tuve una sensación de gran tranquilidad, primero, y de placer, después. El sonido del viento sobre los árboles, y sobre cada brizna de hierba, me producía cosquilleos y me hacían sentir parte integrante de todo. Entonces pensé que si en ese mismo momento me llegaba la muerte, no tendría miedo y me tumbaría agradablemente para quedarme allí.»

MERCÈ, 37, administrativa

El industrial y el pescador

Un rico industrial del norte se molestó al encontrar a un pescador del sur tranquilamente recostado en su barca y fumando en pipa.

—¿Por qué no has salido a pescar? —preguntó el industrial.

—Porque ya he pescado bastante por hoy —respondió el pescador.

—¿Y por qué no pescas más? —insistió el industrial.

—¿Y qué iba a hacer con los peces? —preguntó a su vez el pescador.

—Ganarás más dinero —fue la respuesta—. De ese modo podrías poner un motor a tu barca. Entonces podrías ir a aguas más profundas y pescar más peces. Entonces ganarías lo suficiente para comprarte unas redes de nylon. Pronto ganarías para tener dos barcas... y hasta una verdadera flota. Entonces serías rico como yo.

—¿Y qué podría hacer entonces? —preguntó de nuevo el pescador.

—Podrías sentarte y disfrutar de la vida —respondió el industrial.

—¿Y qué estoy haciendo en este preciso momento? —respondió satisfecho el pescador.

ANTHONY DE MELLO

Viajar a la historia

«En mi caso, lo más parecido a no hacer nada es cuando hay una conversación interesante, cuando sientes que alguien te escucha y eres capaz de prestar atención y comprender. Un ambiente distendido, un airecillo que refresque y hablar de uno mismo, de tu interior, de tus vivencias...

Pero recuerdo especialmente una vez que salí al mar con unos amigos. Fuimos muy temprano, al amanecer, y me impresionó ver cómo la costa se alejaba. Tuve la sensación de retroceder en el tiempo, y podía imaginar perfectamente el primer desembarco de los griegos en nuestras costas. Fue inolvidable. Creo que se mezclaba el paisaje con la sensación de bienestar, una compañía muy agradable, tiempo por delante...»

ALBERT, 37, profesor

Musicoterapia

Si se elige con acierto, la música —además de acompañar el ocio— aporta innumerables beneficios sobre el cuerpo, la mente y el espíritu. Los expertos en musicoterapia aseguran que ésta es una herramienta poderosa para combatir estados de ánimo negativos. De hecho, en muchos centros escolares de los Estados Unidos se utiliza para mejorar la autoestima de los niños y favorecer la atención y la concentración.

Éstas son sólo algunas de las virtudes terapéuticas de la música (tanto si la escuchamos como si tocamos un instrumento):

1. Combate el estrés y la ansiedad.
2. Promueve el optimismo y la sensibilidad.
3. Mejora la autoestima.
4. Desarrolla la creatividad y la capacidad para resolver problemas.
5. Aumenta la concentración.
6. Contribuye a estrechar vínculos entre personas.
7. Favorece la exploración de los propios sentimientos.

10 discos

— *Alina*, Arvo Pärt
— *Officium*, Jan Garbarek & the Hilliard Ensemble
— *The Köln concert*, Keith Jarrett
— *After Virtue*, Wim Mertens
— *Tous les matins du monde*, Jordi Savall
— *BTTV*, Ryuichi Sakamoto
— *Music for Zen meditation*. Tony Scott
— *La pasión según San Mateo*, J.S. Bach
— *Amélie* (banda sonora), Yann Tiersen
— *High Ground* (música para relajación), Steven Halpern

Antes de la calma

«Más que disfrutar de no hacer nada, me gusta mucho el momento inmediatamente anterior a ese tiempo en el que no tendré que hacer nada.

Soy feliz cuando me tumbo en la playa y siento como el sol calienta mi espalda. Es un momento de intenso placer. También cuando duermo y el corazón palpita lentamente al ritmo de sueños agradables.

Pero recuerdo un día en especial, cuando iba en un tren que recorría la costa. Estuve un buen rato mirando el mar desde la ventana y, de repente, me invadió tal sentimiento de bienestar y amor hacia los demás que hubiera abrazado y besado a todos los que estaban en el vagón.»

CATERINA, 31, traductora

El cambio de la rueda

Estoy sentado al borde de la carretera.
El chofer cambia la rueda.
No me gusta el lugar de donde vengo.
No me gusta el lugar adonde voy.
¿Por qué miro el cambio de rueda con tanta impaciencia?

BERTOLT BRECHT

La música de la lluvia

«Un momento muy especial para mí es cuando estoy tumbada en el sofá, oyendo como la lluvia golpea el suelo suavemente. También cuando estoy sola en el bosque y oigo cantar a los pájaros.

Otra situación que me encanta es cuando acabas de hacer deporte y te acurrucas en la cama, y oyes el silencio que penetra dentro de ti hasta que caes dormida. También en verano, siempre que tomo una ducha con agua fresca miro la pared y empiezo a soñar despierta.»

RAQUEL, 14, estudiante de secundaria

Balnearios y centros termales

Civilizaciones tan poderosas en su tiempo como la griega, la romana y la árabe sembraron sus ciudades de baños termales en los que disfrutaban —sin hacer nada— de las virtudes reconstituyentes y tonificantes del agua.

Los modernos balnearios se inspiran directamente de esa misma cultura de manantiales mineromedicinales, y están atendidos por especialistas que supervisan los tratamientos más adecuados para cada persona. Aquí veremos algunos de ellos:

Saunas y baños de vapor: se utilizan para el tratamiento de trastornos cardíacos, para curas de adelgazamiento y para limpiar los poros de la piel. Entre los clásicos están la sauna finlandesa de madera o el baño turco, que promueve la sudoración en una cabina de vapor.

Fangos y barros: además de retener el calor, son útiles para tratar la artrosis y para limpiar y tonificar la piel. Muchos productos de belleza —cremas, mascarillas, etc.— utilizan estos mismo barros naturales.

Spa lúdico: los grandes centros termolúdicos tienen como finalidad el relax y la puesta a punto de las personas con hábitos sedentarios. Bajo el denominador común del agua (fría, caliente, con burbujas, etc.), estos espacios ofrecen numerosas propuestas para combatir el estrés y la fatiga. Uno de los mayores Spa es Caldea, en Andorra, con aguas termales auténticas. Existen centros de salud que utilizan las técnicas de hidroterapia con rigor y notable éxito, pero a veces su publicidad puede confundir en cuanto al origen del agua empleada. En hidroterapia no es relevante, pero vale la pena saber si el agua es de fuente termal o no, sobre todo para los que acuden a un balneario a «tomar las aguas» (crenoterapia).

Watsu: masaje dentro del agua que combina la acción terapéutica del shiatsu con los beneficios de las aguas termales. Además de sus múltiples ventajas para la salud, es muy relajante. Mientras la persona flota, el terapeuta mueve el cuerpo para estirar y aliviar las zonas en tensión.

Talasoterapia: el agua de mar es uno de los medios más relajantes y curativos que existen. Sus sales aportan minerales esenciales y regeneradores como sodio, potasio, calcio y magnesio, entre muchos otros. En los centros especializados complementan los beneficios del agua de mar con la aplicación de algas, arenas, fangos y limos del fondo marino. Algunas afecciones que combate la talasoterapia:

1. Estrés y ansiedad
2. Problemas circulatorios
3. Lumbalgias
4. Problemas musculares en general

7 aromas para elevar el espíritu

— **Lavanda** (mitiga la ansiedad, el desánimo y el cansancio)
— **Tomillo** (indicado contra la depresión, el nerviosismo y la hipocondría)
— **Árbol del té** (combate el agotamiento físico y mental)
— **Romero** (potencia la concentración)
— **Mirra** (sana heridas emocionales)
— **Canela** (contrarresta la apatía y la frialdad)
— **Manzanilla** (armoniza el cuerpo, la mente y los sentimientos)
— **Jazmín** (apropiado para tratar estados de tristeza o de falta de confianza)
— **Rosa** (tempera el sistema nervioso y alivia la tensión)
— **Albahaca** (eleva el estado de ánimo en general)

Pueden emplearse en forma de barritas de incienso, en un quemador de esencias, o bien diluir unas gotitas en el agua de la bañera.

Mar de noche

«Francamente soy una persona muy activa, pero recuerdo un momento muy especial, mientras hacía vacaciones en un pueblo de la costa, cuando me pasé horas mirando el mar por la noche.

Experimenté una sensación de paz para mí desconocida. Desde entonces siempre que quiero relajarme intento acercarme al mar. Tiene algo misterioso que consigue hacerme olvidar todos mis problemas y me conecta conmigo misma.»

MONTSE, 47, secretaria

Pasión por la aventura

Hay muchas personas que no se sienten satisfechas pero no toman la iniciativa para cambiar sus circunstancias, ya que se las ha condicionado para que acepten una vida basada en la estabilidad, las convenciones y el conformismo. Puede parecer que todo esto nos proporciona serenidad, pero la idea de un futuro estable, en realidad, es lo que más perjudica el espíritu de aventura natural del hombre. El núcleo esencial del alma humana es la pasión por la aventura.

La dicha de vivir reside en encontrar experiencias nuevas y ésta es la razón por la que no hay felicidad más intensa que vivir con unos horizontes siempre cambiantes, donde cada día te encuentres bajo un sol nuevo y diferente. Si quieres aprovechar mejor la vida (...) tienes que renunciar a una experiencia segura y monótona. Debes adoptar un estilo de vida en el que todo sea provisional.

CHRIS MCCANDLESS, *Jon Krakauer, hacia rutas salvajes.*

A vista de pájaro

«La primer vez que fui a Nueva York pude comprobar eso de 'la ciudad que nunca duerme', siempre llena de ruido y actividad. Sin embargo, hay un lugar en el que se respira tranquilidad pese a encontrarse en el centro mismo de la urbe. Son las once de la noche y coges el ascensor. Notas como dejas atrás los 102 pisos. Desde lo alto del Empire State puedes observar el movimiento frenético de todos los coches y personas, pero lo contemplas desde un plano superior, como si fueras ajeno a todo ello. Las luces son lo único que indica que hay vida ahí abajo, ya que el ruido es imperceptible. Esta extraña sensación hizo que fuera un momento especialmente significativo para mí.»

MARINA, 26, secretaria

La risa del viajero

Las nubes empezaron a aclarar al enfilar nosotros por el camino que lleva a Namche Bazaar. Éste tenía cerca de un metro de ancho. El viento silbaba entre los pinos; el río resonaba en su garganta; las montañas relumbraban mientras las campanillas de los dzoms tintineaban. Sangye y Pasang silbaron por entre los dientes, golpeando a los animales para que se encaminaran por la cuesta, gritando: ¡Dzom! ¡Dzom!, mientras nosotros éramos presa de esa risa característica de los que comienzan un viaje.

BRUCE CHATWIN, *¿Qué hago yo aquí?*

Un oasis de 5 minutos

Desafortunadamente, muchas personas disponen durante la semana de pocos momentos libres para entregarse al arte de no hacer nada. Aunque sólo se disponga de cinco minutos libres —incluso en el baño de la oficina—, este sencillo ejercicio de visualización servirá para recargar las baterías del alma:

1. Cierra los ojos y aparta de tu mente lo que acabas de hacer o las tareas que tienes por delante.
2. Piensa que te encuentras ya en el fin de semana —un fin de semana de 5 minutos— y que tienes libertad de pasarlo donde te apetezca.
3. Viaja con la mente a un lugar que asocies con la tranquilidad: una isla tropical, una alta cima, un prado, etc.
4. Quédate allí por espacio de 5 minutos y siente como la calma va conquistando tu cuerpo y tu mente, hasta ponerte en sintonía «vacacional».
5. Al salir de tu oasis, realiza dos o tres respiraciones largas y profundas antes de reincorporarte a tu rutina.

Volar pegado a la tierra

«Yo asocio la felicidad a la sensación que me envuelve cuando subo o bajo torrenteras con la bicicleta. Es genial: vas solo, y subes con la única fuerza de tus piernas, tus brazos y un poco de amor propio. Y qué decir de las bajadas... ¡qué sensación! Supongo que todo esto es lo más cercano a volar. Volar sin separar, demasiado, los pies del suelo; una falsa sensación de seguridad.

Tal vez porque tengo que poner mis cinco sentidos en la bicicleta, es sólo en estos momentos que logro acallar mi cerebro, dejar de lado todos esos pensamientos que nos dan vueltas durante el día.»

ISMAEL, 29, delegado sindical

El manantial interior

La película de la vida

«Procura estarte quieto
hasta que la acción apropiada
surja por sí misma.»
TAO TE CHING, XV

Hay mil maneras de meditar. Mirar la película de la vida, desde fuera, es meditar; dejarse llevar por las asociaciones —*allow the play of the mind*— es meditar; un cierto vagabundeo es meditar.

SALVADOR PÁNIKER, *Cuaderno amarillo.*

El arte de meditar

Meditar es lo más parecido que hay a no hacer nada, aunque en realidad es una actividad altamente valiosa para limpiar la mente y volver a las tareas cotidianas con energías renovadas. Los gatos, por ejemplo, son verdaderos maestros en este arte, pues son capaces de permanecer inmóviles durante horas para, en el momento justo, disponer de toda su energía para saltar sobre una presa.

Para los que no han meditado nunca, estas indicaciones servirán como iniciación. Al principio basta con dos sesiones diarias de 10-12 minutos, por ejemplo al levantarse y antes de cenar.

1. Siéntate sobre un almohadón consistente con la espalda recta o, en su defecto, en una silla.

2. Entorna los ojos sin llegar a cerrarlos y pon las manos sobre el regazo de manera que los pulgares se toquen.

3. Centra toda tu atención en las fosas nasales por las que entra y sale el aire muy lentamente. Si te cuesta concentrarte, puedes contar las respiraciones

en series de diez —hasta llegar a cien—. Si pierdes la cuenta, vuelve a empezar.

4. El objeto de la meditación es poner la mente en blanco. Cada vez que aparezca un pensamiento, imagina que es una nube a la que pones la etiqueta «pensamiento» y luego déjala pasar sin emitir ningún juicio.

5. Terminada la sesión, puedes permanecer unos minutos sentado, mientras tus sentidos —y tu cuerpo— vuelven a interactuar con la agitación del mundo.

El «dolce farniente»

«Conforme he ido creciendo, he de confesar que cada vez me cuesta más no hacer nada, lo cual no me hace ninguna gracia, porque el 'dolce farniente' y el denominado 'demonio del mediodía' forman parte de mi esencia.

Como momento de intensa felicidad, recuerdo el día que terminé la EGB. Imaginaba que a partir de entonces, a punto de cumplir los 14 años, mi vida daría un cambio radical y se llenaría de aventura y lejanos paisajes. Estaba seguro de que pronto viviría las historias que leía en los libros, que tomaría el control absoluto de mi vida. Múltiples personajes se agolpaban en mi cabeza y creía que pronto sería uno de ellos. Poco a poco la realidad no resultó ser como creía, hasta que supe que tendría un hijo, lo cual de repente convirtió el futuro en una aventura real y a la vez desconocida.»

MARC, 32, abogado

7 colores para modular el estado de ánimo

— **Azul** (promueve la serenidad y reduce la tensión muscular y la irritabilidad)
— **Verde** (mitiga la ansiedad, equilibra el sueño y alimenta la esperanza)
— **Naranja** (alivia el cansancio y combate la depresión)
— **Amarillo** (estimula las facultades mentales y despierta el entusiasmo)
— **Violeta** (rebaja la migraña, activa la meditación y la intuición)
— **Rojo** (por su poder estimulante, eleva el estado de ánimo)
— **Índigo** (desata la creatividad y la inspiración)
— **Rosa** (transmite armonía y paz interior)
— **Turquesa** (proporciona calma y dispersa la energía negativa)
— **Lila** (potencia la capacidad de concentración y relaja el espíritu)

El viejo y la estatua

En el museo romano de Villa Giulia el guardián de la Sección Quinta continúa su ronda. Acabado ya el verano y, con él, las manadas de turistas, la vigilancia vuelve a ser aburrida; pero hoy anda intrigado por cierto visitante y torna hacia la saleta de Los Esposos con creciente curiosidad. «¿Estará todavía?», se pregunta, acelerando el paso hasta asomarse a la puerta.

Está. Sigue ahí, en el banco frente al gran sarcófago etrusco de terracota, centrado bajo la bóveda: esa joya del museo exhibida, como en un estuche, en la saleta entelada en ocre para imitar la cripta originaria.

Sí, ahí está. Sin moverse desde hace media hora, como si él también fuese una figura resecada por el fuego y los siglos. El sombrero marrón y el curtido rostro componen un busto de arcilla, emergiendo de la camisa blanca sin corbata, al uso de los viejos de allá abajo, en las montañas del Sur: Apulia o, más bien, Calabria.

«¿Qué verá en esa estatua?», se pregunta el guardián. Y, como no comprende, no se atreve a retirarse por si de repente ocurre algo, ahí, esta mañana, que comenzó como todas y ha resultado tan distinta. Pero tampoco se atreve a entrar, retenido por inexplicable respeto. Y continua en la puerta mirando al viejo que, ajeno a su presencia, concentra su mirada en el sepulcro, sobre cuya tapa se reclina la pareja humana.

José Luis Sampedro, *La sonrisa etrusca*.

La caricia de la dicha

«Personalmente, me animo pensando que lo mejor siempre está por llegar. La felicidad está tan cerca de nosotros que casi nunca nos damos cuenta de ello, porque nos toca tan suavemente que no la notamos hasta que la hemos perdido. Tampoco llega en un momento determinado o particular de la vida, como piensa mucha gente.

En cualquier caso, las personas que nos rodean tienen gran influencia en esto: ellos tienen la llave de tu felicidad y tú la de ellos. Entenderlo ayuda a ir por la vida con más claridad.»

José Ramón, 37, profesor

Soledad sin filtros

Muy pocos estamos solos alguna vez. Uno puede retirarse a las montañas y vivir como un ermitaño, pero cuando esté físicamente a solas, tendrá consigo sus ideas, sus experiencias, sus tradiciones, su conocimiento de lo que ha sido. El monje cristiano en una celda monástica no está solo; está con su Jesús conceptual, con su teología, con las creencias y los dogmas de su condicionamiento particular. De igual manera, el sanyasi que en la India se aparta del mundo y vive en aislamiento, no está solo, porque él también vive con sus recuerdos.

Yo hablo de una soledad en la que la mente está por completo libre del pasado; sólo una mente así es virtuosa, porque únicamente en esta soledad hay inocencia. Tal vez usted diga: «Esto es demasiado pedir. Uno no puede vivir así en este mundo caótico, donde tiene que ir todos los días a la oficina, ganarse la subsistencia, criar a los hijos, soportar los regaños de su esposa, etc.» Pero yo pienso que lo que está diciendo se halla directamente relacionado con el vivir y actuar de cada día; de lo contrario, no tiene valor alguno. Vea, desde esta soledad adviene una virtud que es viril y trae consigo un sentido extraordinario de pureza y bondad. No importa si uno comete errores; eso significa muy poco. Lo que importa es tener este sentimiento de que uno está completamente incontaminado, solo, porque únicamente una mente así puede conocer o percibir aquello que está más allá de la palabra, del nombre, más allá de todas las proyecciones de la imaginación.

J. KRISHNAMURTI, *El libro de la vida.*

Enamorarse

«Creo que cuando estás enamorada tienes una poderosa capacidad de no hacer nada. Puedes sentir un placer inusitado al mirar un trozo de pared, por ejemplo, cualquier punto de atención sirve para dejarte arrastrar por tus sentimientos, sintiendo latigazos de emociones que quisieras que nunca acabaran.

Otro momento mágico son los minutos después del nacimiento de un hijo. Personalmente, sentí que todo mi cuerpo se elevaba. Flotaba en una nube de armonía, equilibrio y paz absoluta. No lograba quitarme la sonrisa de mi rostro. Quería quedarse ahí.»

ANA, 44, diseñadora

Noche en Buenos Aires

Se sentó en un banco, cerca de la estatua de Ceres, y permaneció sin hacer nada, abandonado a sus pensamientos. «Como un bote a la deriva en un gran lago aparentemente tranquilo pero agitado por corrientes profundas».

* * *

Melancólicamente lo imaginaba en aquel viejo parque, con la luz crepuscular demorándose sobre las modestas estatuas, sobre los pensativos leones de bronce, sobre los senderos cubiertos de hojas blandamente muertas. A esa hora en que comienzan a oírse los pequeños murmullos, en que los grandes ruidos se van retirando, como se apagan las conversaciones demasiado fuertes en la habitación de un moribundo; y entonces, el rumor de la fuente, los pasos de un hombre que se aleja, el gorjeo de los pájaros que no terminan de acomodarse en sus nidos, el lejano grito de un niño, comienzan a notarse con extraña gravedad. Un misterioso acontecimiento se produce en esos momentos: anochece. Y todo es diferente:

los árboles, los bancos, los jubilados que encienden alguna fogata con hojas secas, la sirena de un barco en la Dársena Sur, el distante eco de la ciudad. Esa hora en que todo entra en una existencia más profunda y enigmática. Y también más temible, para los seres solitarios que a esa hora permanecen callados y pensativos en los bancos de las plazas y parques de Buenos Aires.

ERNESTO SÁBATO, *Sobre héroes y tumbas.*

El puente sagrado

La única manera de relajarse es aceptar la existencia. Siéntate en silencio, escucha todo lo que está sucediendo a tu alrededor y serénate. Acepta, relájate, y de repente sentirás una inmensa energía surgiendo en ti, mientras tu respiración se hace más profunda y tranquila. La respiración se puede tomar de dos maneras porque es un puente. Una de sus partes está unida a ti, la otra parte está unida a la existencia. Por eso puede entenderse de dos formas. Puedes tomártela como una acción voluntaria, inhalando o exhalando más profundamente. Pero si no haces nada, entonces también continúa, es involuntaria, pues la otra parte está unida a la existencia misma.

Puedes imaginarte como si la estuvieras introduciendo en tu interior: la estás respirando. O imaginarte todo lo contrario: que te está respirando. Y este otro modo tiene que ser comprendido porque te llevará a una profunda relajación. No es que tú estés respirando, sino que la existencia te está respirando. Es un cambio de visión y sucede por sí mismo. Si continúas aceptándolo todo y relajándote el aire te une al mundo. La existencia te está respirando. Se introduce en ti, sale de ti. A cada momento te rejuvenece, a cada momento te hace vivo una y otra vez. De repente sientes que te has enamorado de la totalidad y que el otro ha dejado de ser el otro. En el otro tú también vives. Aquel «árbol de allí» de alguna manera está relacionado contigo. Tocas una brizna de hierba y has tocado las estrellas porque todo está relacionado. La existencia es orgánica. Es una, es una unidad.

OSHO, *Música ancestral en los pinos.*

7 infusiones para calmar la mente

— **Valeriana** (promueve el sueño y la relajación general)
— **Tila** (mitiga la ansiedad y el insomnio)
— **Melisa** (es sedante y ligeramente hipnótica)
— **Hipérico** (indicada para tratar la depresión)
— **Lavanda** (contra el vértigo y los mareos)
— **Manzanilla** (calma los nervios y reduce la tensión muscular)
— **Verbena** (combate los dolores de cabeza)

Un cuento zen

Uno de los devotos del templo era muy conocido por su celo y esfuerzo. Meditaba día y noche, sin detenerse ni siquiera para comer, ni dormir. A medida que pasaba el tiempo, se fue adelgazando y agotando más. El superior del templo le aconsejó que fuese más lentamente, y que se cuidase más a sí mismo. Pero el devoto no hizo caso de su consejo.

—¿Por qué corres tanto, qué prisa tienes? —preguntó el superior.

—Busco el conocimiento —respondió el devoto—, no puedo perder tiempo.

—¿Y cómo sabes —preguntó el superior—, que el conocimiento va por delante de ti, de modo que tengas que correr muy deprisa detrás de él? Quizá va detrás de ti, y todo lo que necesitas para encontrarlo es quedarte quieto. Sin embargo, te estás alejando.

El lago de la conciencia

¿Ha estado alguna vez junto a una laguna de aguas claras y tranquilas? Se pueden ver los insectos rozando la superficie, las plantas que crecen en el fondo y, algunas veces, incluso los pececillos nadando. Pero si toma Ud. una piedra de buen tamaño y la arroja dentro, el barro del fondo se alborotará y rápidamente enturbiará el agua. También puede tomar una piedra plana e intentar hacerla deslizarse por la superficie del agua. En cada uno de los puntos en que dicha piedra toque el agua se formarán ondas que alterarán la superficie de la laguna.

Esta es una buena analogía para el proceso de llegar a ser totalmente infeliz. Puede Ud. arrojar piedras al fondo para que el barro oscurezca el agua, o bien puede deslizar piedras planas por la superficie a fin de que el agua pierda su aspecto cristalino y de este modo su visión se enturbie. Una buena manera de ser infeliz y desgraciado es combinar ambos métodos.

Pero basta ya de analogías y de metáforas o como quiera que se llamen. ¿A qué me refiero al decir que hay que enturbiar constantemente el agua? Muy fácil: a permanecer en constante actividad. Todos sabemos que el mantener las manos quietas trae problemas. Si no haces nada, te aburres.

Por ello, es mejor permanecer activo. Es como una droga. Su casa llegará a convertirse en un lugar donde Ud. va de vez en cuando para cambiarse de ropa. Así, su vida llegará a estar tan encumbrada de actividades que las veinticuatro horas del día no le bastarán.

El resultado es que su estanque estará continuamente turbio y oscurecido, sin tiempo para la reflexión. Se sentirá cansado, pero estará demasiado ocupado para reposarse. Al estar tan ocupado, cuando lleguen a su vida nuevas actividades que realmente desearía realizar, no las va a poder incluir en su agenda. Cada minuto cuenta. Es muy importante no descansar entre una actividad y otra...

GIL FRIEDMAN, *Cómo llegar a ser totalmente infeliz y desdichado.*

Inteligencia espiritual

Las circunstancias no deberían influir en nuestra paz mental. En realidad son la irritación y ansiedad internas las que nos pueden hacer percibir el entorno como opresivo. Cuando nos sentimos interiormente bien, en calma y alegres, incluso una situación difícil se nos antoja manejable; si decidimos actuar al respecto, seremos más eficaces haciéndolo con calma.

La frustración interna es la que crea, directa o indirectamente, los enemigos. Cuando nos sentimos inclinados al odio y a la rabia, proyectamos a nuestro alrededor un campo de paranoia en el que todos pueden resultar rivales potenciales. Sentimos deseos de eliminarlos y damos por sentado que ellos sienten lo mismo hacia nosotros.

En cambio, cuando nos mantenemos tranquilos no proyectamos enemistad hacia los demás, podemos observarles con mayor objetividad y, en caso de que surjan realmente problemas, actuar con diligencia para resolverlos.

Para alcanzar la libertad y la felicidad es necesario que consideremos el odio como nuestro único enemigo e iniciemos la campaña para su conquista.

En ese itinerario hacia el amor habrá que hacer escala en el puerto de la tolerancia inquebrantable y tomar la firme resolución de impedir que la rabia nos domine sea cual sea la situación. Hay que desarrollar una visión penetrante de los procesos internos que provocan la ofensa y aprender a responder con libertad en vez de reaccionar mecánicamente. No se trata de no actuar, sino de que la acción nazca de la sabiduría de la compasión, en lugar de ser una reacción destructiva y alocada para tapar cosas que nos duele reconocer.

ROBERT THURMAN, *La revolución interior.*

Silencio en compañía

Rehacer el camino despacio

«Experimento mis mejores momentos cuando leo, mejor aún si lo hago en un columpio en medio de la naturaleza, o en el río mientras escucho el sonido del agua. También cuando camino hasta el pueblo, con mi marido y mi perro, y nos detenemos a tomar una cerveza o un helado. Luego regresamos a casa despacio y felices.

Intento capturar los instantes de felicidad momento a momento. Esta mañana, por ejemplo, mientras tomaba café en la cama con mi marido, he visto a través de la ventana que hoy va a ser un día soleado, y eso me ha levantado el ánimo. Siempre procuro disfrutar de más de un momento de felicidad al día, así que busco el placer en las cosas más pequeñas, pero también en las más grandes.»

AURORA, 33, filóloga

Sonrisas de la India

También nosotros fuimos a sentarnos sobre la gradería delante de ellos, y empezamos a cruzarnos miradas un poco tímidamente. ¡Qué diferencia con nuestros estudiantes! Éstos estaban de lo más tranquilos, casi en silencio, conversando entre sí o con sus profesores casi en susurros. Toda la alegría de la hora y de la ocasión anidaba en los ojos oscuros, brillantes sobre los rostros oscuros, en esas caritas tiernas y humildes. Nos miraban, a Moravia y a mí, ora apenas con el rabillo del ojo, ora posando sobre nosotros la sonrisa entera. Pero no se atrevían a dirigirnos la palabra y nosotros también callábamos, casi por temor a interrumpir esa corriente de simpatía que, incluso muda, era tan plena. Ellos también parecían haberlo comprendido, maestros y muchachos: lo mejor era mirarnos y sonreírnos así, en silencio. Pasaron cinco o diez minutos, un cuarto de hora. La luz del crepúsculo se volvía cada vez más tétrica y nosotros seguíamos allí, unos frente a otros, mirándonos: sus ropajes de antiguos paganos se volvían cada vez más cándidos, y más dulce era su silenciosa simpatía.

PIER PAOLO PASOLINI, *El olor de la India*.

Enlazarse

«Cuando no desarrollo una actividad física, me gusta aprovechar para reflexionar. A menudo recuerdo experiencias agradables que supusieron un avance en mi vida: cuando encontré un buen trabajo, el placer de enamorarse y ser correspondido...

Creo que es cuando estoy con mi pareja que me siento más feliz y conectada con el mundo. Es entonces cuando me siento más realizada. Opino que poder experimentar esa comunión con alguien que no es de tu familia refleja, de por sí, la capacidad del ser humano para entregarse a los demás y vivir en armonía.»

BÁRBARA, 29, directora de marketing

6 centros de meditación y retiro

— O.Sel.Ling (Orgiva, Granada / centro de retiro budista tibetano)

— Sakya Tashi Ling (Garraf, Barcelona / monasterio budista tibetano)

— Zen Do Betania (Brihuega, Guadalajara / centro de retiro zen)

— Luz Serena (Casas del Río, Valencia / templo zen)

— Montserrat (Montserrat, Barcelona / centro de retiro católico y laico)

— Silos (Burgos / monasterio católico)

Respuestas al caminante

El caminante llega al pueblo y se dirige a un viejo, que está sentado en un porche sin hacer nada.

—Escuche, buen hombre —pregunta el caminante—. ¿Sabe adónde va esta carretera?

—Nunca he visto que vaya a ningún lugar —responde el viejo—. Cada mañana, cuando me levanto, miro por la ventana y todavía está.

—Lo que yo quiero saber es si tengo que cogerla para ir a Fortsmith.

—No tiene ningún sentido que lo haga: allí ya tienen una, de carretera.

—Supongo que usted ha vivido aquí toda la vida —comenta el caminante, y el viejo responde:

—Todavía no.

AUTOR DESCONOCIDO

Contar amigos

«Pienso que ser capaz de no hacer nada es todo un arte, y a mí aún me falta mucho para ser una verdadera 'artista' de mi tiempo libre.

Cuando somos pequeños (y yo a veces todavía me siento así), tendemos a asociar la palabra felicidad con objetivos concretos: un aumento de sueldo, esperar un hijo, el concierto de tu grupo de rock favorito... Pero a veces estas metas traen justamente lo contrario de lo que imaginabas. Yo, al menos, suelo sentirme a la deriva cada vez que alcanzo un objetivo largamente deseado.

Por lo tanto, quizás sea mejor que nos olvidemos de comprar un coche mejor, una segunda residencia al lado de la playa... y vayamos a por placeres más inmediatos y cotidianos: el sabor de un buen vino, la complicidad de tu pareja, una canción que no conocías...

Volviendo a lo de la inactividad y el tiempo libre, ahora me doy cuenta de que algo que me gusta mucho es contar los amigos y amigas registrados en la agenda de mi móvil. Siempre que lo hago se me escapa una sonrisa.»

AINOA, 28, administrativa

El silencio que habla

Estamos en silencio, y eso es una señal. Por primera vez estamos en silencio, aunque sólo ahora me he dado cuenta, cuando él se ha levantado para buscar otra botella de vino.

Estamos en silencio. Oigo el ruido de sus pasos mientras regresa a la fuente donde estamos juntos desde hace más de una hora, bebiendo y mirando la niebla. Por primera vez estamos en silencio de verdad. No es el silencio incómodo del coche, cuando viajábamos de Madrid a Bilbao. No es el silencio de mi corazón asustado, cuando estábamos en la capilla cerca de San Martín de Unx.

Es un silencio que habla. Un silencio que me dice que ya no necesitamos seguir explicándonos cosas el uno al otro.

Sus pasos han cesado. Me está mirando, y debe de ser bonito lo que ve: una mujer sentada en el borde de una fuente, en una noche de niebla, a la luz de un farol.

Las casas medievales, la iglesia del siglo XI y el silencio.

PAULO COELHO, *A orillas del río piedra me senté y lloré.*

El arte de callar

Los estudiantes de la academia de Platón dedicaban los primeros años de su formación a aprender a callar. Por su parte, un proverbio japonés reza: «Antes de hablar, asegúrate que lo que tienes que decir es más importante que el silencio», mientras que los ingleses dicen que «El verdadero *gentleman* es aquel que domina la gaita pero no la toca».

Éstos son sólo algunos de los beneficios del noble arte de callar:

1. Al no descubrir su juego, la persona silenciosa se dota de una aureola de misterio que la hace más atractiva para los demás.

2. Callar es indispensable para poder escuchar lo que dicen los otros.

3. Con la boca cerrada es más difícil crear malentendidos, que luego exigen mucha energía —y tiempo— para deshacerlos.

4. El silencio sobre nuestros méritos tiene una triple ventaja: a) nos permite sorprender a los demás, b) previene las envidias, c) evita el aburrimiento.

5. Si uno no tiene nada importante que decir, permanecer callado siempre puede ser percibido exteriormente como signo de inteligencia.

6. Un tiempo de espera tras una pregunta permite una respuesta más profunda y meditada.

Desconexión

«Con la edad he aprendido a valorar cada vez más el placer de desconectar de todo, de sentirme dueña de mi tiempo y de mis pensamientos. También disfruto, por supuesto, con la compañía de los buenos amigos. Me encantan las conversaciones, por comunes o absurdas que parezcan.

Un momento de especial calma y felicidad es cuando me acuesto y, justo antes de dormirme, siento a mi lado la persona a quien quiero.»

LINA, 35, relaciones públicas

Relojes detenidos

«Reset»

En la mayoría de las vidas no hay, realmente no los hay, demasiados atajos. Se hacen algunos progresos en una vida, y se aprende más cayendo más atrás en la siguiente. Los seres humanos renacen unas seiscientas veces, unas vidas más o menos, antes de que abandonen sus tonterías, reconozcan que todo el asunto no es sino un juego, den las gracias o perdonen a los otros jugadores, se rían y pasen a un orden más elevado de existencia.

—¿Recuerdas lo que dijo tu Buda? —me preguntó el Baba—. ¿Cuando a Sakyamuni le preguntaron qué era la vida al fin y al cabo? ¿Es que «el iluminado» no dijo: «Siempre estoy empezando»?

JAN WILLEM VAN DE WETERING, *Afterzen*.

Un instante de eternidad

«Hay días que pasan en un suspiro e instantes que parecen encerrar un mundo entero. Uno de los más extraordinarios para mí está relacionado con mi infancia, que regresó de manera milagrosa 25 años después.

Solía ir a jugar a casa de mis primos, un piso con un gigantesco portal con escaleras de mármol y muchos rincones en los que esconderse. Allí me dieron el primer beso de verdad: era una niña de unos seis años, como yo entonces, con una cabellera negra y rizada y unos ojos que te fulminaban. Nunca llegué a olvidar esa niña, a la que no volví a ver después de ese día.

Hará tres o cuatro años, estaba atravesando una calle céntrica cuando me crucé con ella. Fue apenas un instante en el que nuestras miradas se encontraron, pero tuve la certeza de que se trataba de la misma persona. Cuando llegué a la acera me giré y vi que ella se giraba también, con una tenue sonrisa, mientras proseguía su camino.

Me hubiera gustado detenerla, interesarme por su vida, compartir un café incluso, pero el tráfico volvía a ocupar el asfalto, borrando cualquier camino de regreso al pasado.»

FRANCESC, 35, escritor

Acerca del satori

Existe otra vida distinta de la que está sujeta al concepto del tiempo, una vida que no tiene nada que ver con darle vueltas a las frustraciones del pasado y mirar con angustia hacia el futuro, hacia los acontecimientos que aún están por venir.

❖ ❖ ❖

Esta paz, este tiempo sin tiempo es «el instante hecho eternidad», es decir, el momento que se expande hasta el infinito.

❖ ❖ ❖

Esta mente que no tiene morada no es otra que la mente de Buda, que no mora en el pasado, ni en el futuro, ni en el presente. La mente no es lo que entienden por ello quienes no han experimentado el satori.

❖ ❖ ❖

El abismo existente entre el satori y la razón es imposible de salvar mediante conceptos y postulados y sólo puede desaparecer mediante un «salto existencial» que implique una negación absoluta de la razón misma.

D.T. Suzuki, *Vivir el Zen*

Hoy es el momento

Para entender el valor de un año: pregúntale a algún estudiante que perdió un año de estudios.

Para entender el valor de un mes: pregúntale a la madre que alumbró un bebé prematuro.

Para entender el valor de una semana: pregúntale al editor de un semanario.

Para entender el valor de un día: pregúntale a los amantes que esperan encontrarse.

Para entender el valor de una hora: pregúntale a quien debe cuidar a un enfermo.

Para entender el valor de un minuto: pregúntale a una persona que perdió el último tren.

Para entender el valor de un segundo: pregúntale a una persona que evitó en un instante un accidente.

Para entender el valor de una milésima de segundo: pregúntale a la persona que ganó una medalla de oro en las olimpíadas.

Atesora cada momento que vivas. Y atesóralo más, si lo compartes con alguien especial.

Ayer es historia.

Mañana es misterio.

Hoy es un regalo.

Por eso es que se le llama EL PRESENTE.

Y recuerda: Un día sin reir (al menos una sonrisa) es un día perdido.

AUTOR DESCONOCIDO

El rumor del mar

«Para mí el ruido del agua tiene propiedades casi anestésicas. Cuando me tumbo en la playa me quedo rápidamente dormido, como si el resto del mundo se apresurara a desaparecer. Es como si las olas del mar masajearan mi cabeza por dentro, arrastrando bien lejos los pensamientos cotidianos, las obligaciones y todo eso.»

DAVID, 31, camarero

Elogio de la siesta

La siesta no sólo es el «yoga español», como decía Camilo José Cela, sino un mecanismo natural de nuestro organismo para recuperar energía de manera rápida y eficaz. Estudios recientes arrojaron que una cabezadita después de comer aumenta en un 92,5 % de las personas la productividad, la creatividad y la capacidad para resolver problemas.

El secreto de una siesta es que sea breve, ya que más de media hora de reposo puede incidir negativamente en el descanso nocturno, e incluso despertarnos con una sensación de embotamiento que dificultará nuestra actividad posterior.

Muchos especialistas apuntan, además, que la principal función de la siesta es compensar el déficit crónico de sueño que sufren la mayoría de adultos por unos hábitos inadecuados. Un interesante estudio demostró que en la actualidad dormimos casi dos horas menos diariamente que a principios del siglo XX, a causa de la luz eléctrica, la televisión y los turnos de trabajo nocturnos. Esta privación crónica del sueño tiene como consecuencia un menor rendimiento laboral, más accidentes laborales y de tráfico, depresión y conductas agresivas.

En ese sentido, una siesta de veinte minutos produce más beneficios que cualquier medicamento: relaja los músculos y la mente, serena el estado de ánimo y aumenta el rendimiento físico e intelectual.

En Estados Unidos, una empresa que difunde los beneficios la siesta *The Napping Company* (www.napping.com) ha conseguido que el 3 de abril se celebre el «día nacional de la siesta en el trabajo».

Un presente infinito

El silencio, tan difícil al principio, se produce por sí solo cuando uno se da cuenta, se convence de que la Plenitud, la Felicidad, todo lo que yo valoro, no viene de fuera, de las cosas, ni de nadie.

❖ ❖ ❖

El día en que yo sea Uno con todo desaparecerá el Tiempo. El Tiempo es el resultado de nuestra incapacidad de vivir la Totalidad.

❖ ❖ ❖

Vivir centrado es vivir en Presente. Manteniendo la conciencia del Instante puedes llegar a la experiencia de lo Atemporal.

❖ ❖ ❖

Ver, ver, sin mirar nada. Debemos ir a la Conciencia sin objeto.

La Totalidad está en el Aquí y Ahora. Al descubrir el Instante, descubres la Eternidad.

❖ ❖ ❖

Aprende a estar atento al no-pensamiento. Aprende a amar las formas desde el Vacío del cual surgen.

❖ ❖ ❖

Habríamos de hacer como cuando vamos a dormir, «dejar ir», soltar todo; pero al ir a dormir caemos en la inconciencia. Es necesario hacer lo mismo, pero ascendiendo a la Conciencia.

ANTONIO BLAY, *Palabras de un maestro*

Divina confusión

Érase una vez un hombre que al morir se encontró en un lugar muy hermoso, rodeado de todas las comodidades imaginables. Un hombre de chaqueta blanca se le acercó y le dijo:

—Puedes tener todo lo que elijas, cualquier comida, cualquier placer, cualquier tipo de entretenimiento.

El hombre estaba disfrutando, y durante muchos días probó todas las delicias y experiencias con las que había soñado en la tierra. Pero un día se aburrió de todo eso, y llamó al sirviente y le dijo:

—Estoy cansado de todo esto. Necesito hacer algo. ¿Qué tipo de trabajo puedes darme?

El sirviente negó tristemente con la cabeza y contestó:

—Lo siento, señor. Esto es lo único que no podemos hacer por ti. Aquí no tenemos trabajo para ti.

A lo que el hombre respondió:

—Esto es admirable, pero es como si me encontrase en el infierno.

El sirviente le dijo con voz suave:

—¿Y dónde crees que te encuentras?

Lecciones de simplicidad

7 koan zen

Un discípulo pregunta al Maestro cómo podría demostrar la verdad del Zen. El Maestro levanta un palo que tenía en la mano. El alumno le pregunta:

—¿Esto es todo?, ¿no hay nada más?

—Entonces el Maestro baja el palo.

❖ ❖ ❖

Un monje pregunta al Maestro:

—¿Qué hay que entender cuando se dice: «hablar es no hablar»?

El Maestro le pregunta:

—¿Dónde está tu boca?

El discípulo le contesta:

—No tengo boca.

—Si es así, ¿cómo comes el arroz?

El discípulo no contesta nada. Y más tarde el maestro comenta:

—Este muchacho no tiene nunca hambre, no quiere arroz.

❖ ❖ ❖

Cierto día un monje se encontraba sentado con las piernas cruzadas delante de la pared.

El Maestro vino y le golpeó en el hombro; el monje dijo:

—¿Quién eres tú?

—Yo soy; ¿qué tal estás?

—Como de costumbre.

—Pues no está mal pasar la vida tan ocupada que llevas.

❖ ❖ ❖

Un monje pregunta a su Maestro:

—¿Qué quiere decir cuando se afirma que nuestro pensamiento diario es Tao?

—Cuando tengo sueño —responde el Maestro—, duermo; cuando tengo ganas de sentarme, me siento.

—Yo no llego a entenderlo.

—En verano buscamos un lugar fresco, en invierno nos sentamos cerca del fuego.

❖ ❖ ❖

Un monje pregunta al Maestro:

—¿Qué es el Tao? Y el Maestro contesta:

—¡Qué hermosa montaña!

—Le interrogo sobre el Tao; ¿por qué, pues, me habla de una montaña?

—Mientras no conozcas más la montaña, no tienes ninguna oportunidad de alcanzar el Tao.

❖ ❖ ❖

Un monje preguntó al Maestro:

—¿Qué es el Tao? El Maestro dijo:

—Entra.

—Todavía no logro entenderlo.

—Sal.

❖ ❖ ❖

Un día el Maestro estaba sentado tranquilamente con las piernas cruzadas, vino un monje y le dijo:

—¿En qué piensas en esa inmovilidad? Y el Maestro responde:

—Pienso en lo que está más allá del pensamiento.

—¿Cómo te las arreglas para pensar en lo que está más allá del pensamiento?

—No pensando —replica el Maestro.

❖ ❖ ❖

El puzzle de la felicidad

«Mi paisaje de la felicidad es como un rompecabezas que se compone de pequeños momentos que se entrelazan: una terraza soleada con olor a verano, el primer día de vacaciones, un paisaje que me cautiva, observar (por el simple placer de hacerlo), pasear sin rumbo, terminar bien un trabajo, reír y compartir el motivo de mi risa, tomar un café por la mañana con esa sensación de sueño...

No se trata de un único gran momento, sino de muchos pequeñitos, que a priori parecen insignificantes pero luego acaban siendo los más importantes. De lo que se trata es de ir sumando piezas para tu puzzle personal, día a día, y que dé una imagen bonita de tu vida.»

GEMMA, 30, diseñadora gráfica

El arte de silbar

En las películas, cuando alguien está desocupado a menudo aparece silbando con las manos en los bolsillos. Curiosamente, el silbido es toda una rareza en el mundo sonoro —compuesto casi exclusivamente de ondas complejas—, ya que al producirlo emitimos una onda senoidal (simple), lo cual en la naturaleza sólo se da en algunos pájaros y en el viento.

Los que todavía no han aprendido este placentero arte, que permite entonar con facilidad cualquier canción, pueden ejercitarse con las indicaciones siguientes:

1. Con los labios húmedos, pero con poca saliva en la boca, comienza a soplar con la lengua alta y curvada.

2. Los labios deben adoptar forma circular, como para dar un pequeño beso.

3. Al soplar cuidadosamente —puede hacerse hacia afuera y hacia adentro— para lograr el silbido, puede ser de ayuda visualizar la letra «o».

La fuerza del Tao

¿Puedes mantener tu alma en su cuerpo,
sujetarte bien a él
y aprender así a ser de una pieza?
¿Puedes concentrar tu energía,
ser suave, tierno,
y aprender así a ser un niño?

¿Puedes conservar el agua profunda quieta y clara
de manera que refleje sin distorsión?
¿Puedes amar a la gente y hacer cosas,
y hacerlo sin hacer?

Abrir, cerrar la Puerta del Cielo,
¿puedes ser como un pájaro con sus polluelos?
Atravesando con brillo penetrante el cosmos,
¿puedes saber sin saber?

Dar a luz, alimentar,
llevar y no poseer,
actuar y no reivindicar,
dirigir y no gobernar:
tal el poder misterioso.

LAO TSE, *Tao Te Ching*

De la vida con la naturaleza

«La otra tarde me di un paseo por la granja de Spaulding. Contemplé el sol poniente iluminando el costado opuesto de un majestuoso pinar. Sus dorados rayos se deslizaban entre los árboles como en el interior de un imponente vestíbulo. Me quedé impresionado, cual si alguna antigua familia, totalmente admirable y radiante, se hubiese instalado allí, en esa parte desconocida para mí del territorio llamado Concord; una familia que tenía al sol a su servicio, que no frecuentaba la sociedad de la villa, que tampoco había sido invitada. Vi su parque y sus patios de recreo más allá del bosque, en el campo de arándanos de Spaulding. Los pinos les proporcionaban techado a medida que crecían. Su casa no estaba a la vista; los árboles crecían en medio de ella. No sé si oí o no el sonido de una risa sofocada. Parecían recostarse sobre los rayos del sol.

Tienen hijos e hijas. Están muy bien. La carretera del granjero, que conduce directamente hacia su vestíbulo, de ningún modo los dispersa, al igual que el limoso fondo de un estanque es visto a veces a través del reflejo de los cielos. Nunca oyeron hablar de Spaulding, ni saben que es su vecino; no obstante, yo le oigo silbar mientras conduce su carro y sus animales a través de la casa. Nada puede igualar la serenidad de sus vidas. Su escudo de armas es, sencillamente, un liquen. Lo he visto pintado sobre los pinos y los robles. Sus áticos se encontraban en las copas de los árboles. No conocen la política. No había ruido de trabajo. No detecté que estuvieran tejiendo o hilando. Sin embargo, cuando dejé de escuchar el viento, noté el más dulce murmullo musical imaginable —como el de una colmena distante en mayo—, que tal vez fuese el sonido que hacían al pensar. No tenían pensamientos ociosos, y ningún extraño podía ver su trabajo, puesto que su quehacer no consistía en nudos y relieves.»

HENRY DAVID THOREAU, *Caminar*

¿Qué es la felicidad?

La felicidad no es algo que sucede. No es el resultado de la buena suerte o del azar. No es algo que pueda comprarse con dinero o con poder. No parece depender de los acontecimientos externos, sino más bien de cómo los interpretamos. De hecho, la felicidad es una condición vital que cada persona debe preparar, cultivar y defender individualmente. Las personas que saben controlar su experiencia interna son capaces de determinar la calidad de sus vidas, eso es lo más cerca que podemos estar de ser felices.

❖ ❖ ❖

Todos hemos vivido ocasiones en las que en lugar de ser abofeteados por fuerzas anónimas, hemos sentido que teníamos el control de nuestras acciones, que éramos los dueños de nuestro propio destino.

En las raras ocasiones en las que esto sucede sentimos una especie de regocijo, un profundo sentimiento de alegría que habíamos deseado durante largo tiempo y que se convierte en un hito en el recuerdo de cómo debería ser la vida.

Esto es lo que queremos decir con experiencia óptima. Es lo que el marinero que sujeta una cuerda siente cuando el viento sopla entre sus cabellos, cuando el bote se lanza a través de las olas como un potro: las velas, el casco, el viento y el mar tarareando una canción que vibra en las venas del marinero. Es lo que un pintor siente cuando los colores en el cuadro empiezan a mostrar una tensión magnética los unos con los otros, y una cosa nueva, una forma viva, se dibuja frente al asombrado creador. O es el sentimiento de un padre cuando su hijo responde por primera vez a su sonrisa.

MIHALY CSIKSZENTMIHALYI, *Flow*

La primera escuela

Todo lo que realmente necesito saber lo aprendí en el parvulario. TODO LO QUE REALMENTE NECESITO SABER sobre cómo vivir, qué hacer y cómo ser lo aprendí en el parvulario.

La sabiduría no estaba en la cima de la escuela para graduados, sino en el montoncito de arena del jardín de infancia. Estas son las cosas que aprendí:

Compártelo todo.
Juega limpio.
No pegues a los demás.
Devuelve las cosas donde las encontraste.
Limpia lo que hayas ensuciado.
No cojas lo que no es tuyo.
Di que lo sientes cuando hagas daño a alguien.
Lávate las manos antes de comer.

❖ ❖ ❖

Creo que la imaginación es más fuerte que el conocimiento,
que el mito es más potente que la historia,
creo que los sueños son más poderosos que los sueños,
que la esperanza siempre triunfa sobre la experiencia,
que la risa es la única cura para el dolor.
Y creo que el amor es más fuerte que la muerte.

ROBERT FULGHUM, *Todo lo que realmente necesito saber lo aprendí en el parvulario.*

Fluir con la vida

«No sé estar sin hacer nada. Un estado especialmente placentero para mí es cuando puedo ocuparme de mis cosas sin prisas, es decir, ir haciendo tranquilamente mientras se me ocurre aquello que puedo hacer a continuación. De repente sientes que todo, la vida en general, es mucho más fácil de lo que suponías y eres capaz de hallar satisfacción en cualquier cosa, incluso en lavar un montón de platos.»

ANNE MARIE, 57, administrativa

Ley del arco

1. El Arco, la Flecha, la Diana y el Arquero son una sola y misma cosa.

2. Tirar con arco es establecer un puente entre las cosas.

3. La Conciencia en el arte del arco se llama Trayectoria.

4. No se puede tirar una flecha contra una vida, porque la Flecha misma es Vida.

5. La Diana es siempre el retrato del Arquero.

6. La Flecha es la Conciencia del Arquero.

7. El Arco es el Arquero.

8. El Maestro Arquero es Arco, es Flecha, es Diana, es Trayectoria.

9. El Maestro Arquero no necesita ni usa jamás Arco, Flecha o Diana, porque él es todo eso y, siéndolo, es el Universo.

10. El Maestro arquero es maestro antes que arquero.

André Malby

El poder del vacío

Un hombre decidió simplificar su vida y reflexionar sobre su existencia. Lo dejó todo y se sentó bajo un árbol para no hacer nada. Allí podía meditar sobre la naturaleza y el universo. Únicamente estaba cubierto por un taparrabos con el cual protegía sus partes pudorosas. Junto al hombre se aposentaron rápidamente seguidores y admiradores.

Un día notó como una rata mordía su taparrabos. El yogui pidió entonces consejo a sus discípulos.

«Debería conseguir un gato para que ahuyentara las ratas», le dijeron.

Así que buscó un gato.

Pero el gato no permaneció allí mucho tiempo. Otra vez pidió consejo a sus seguidores.

«El gato sólo se quedará si se le da leche. Y para tener leche debería conseguir una vaca.»

Y así el asceta tuvo una vaca. Pero la vaca tenía que pastar en el campo, así que consiguió un criado para que llevara la vaca al prado. Pero el criado no quería vivir allí sin su familia, así que se le construyó una casa. Para alimentar a toda la familia tuvo que conseguir más vacas, hasta tener una manada.

Y de esta manera la vida fácil del asceta dejó de serlo, y todo porque un día decidió sentarse a no hacer nada.

STEVEN HARRISON, *Nichts Tun*

El sueño del místico

Unos ancianos acudieron a ver al padre Poemen y le dijeron: «Dinos padre, cuando vemos a los hermanos dormitando durante el oficio sagrado, ¿debemos pellizcarlos para que se mantengan despiertos?».

El padre Poemen les dijo: «En verdad, si viera a un hermano durmiendo, pondría su cabeza sobre mis rodillas y le dejaría descansar».

Relato de los Padres del desierto

Derechos fundamentales del lector

Al lector le asiste:

1. El derecho a no leer.
2. El derecho a saltarse páginas.
3. El derecho a no acabar un libro.
4. El derecho a releer.
5. El derecho a leer lo que le venga en gana.
6. El derecho al *bovarysmo* (enfermedad de transmisión textual).
7. El derecho a leer donde le venga en gana.
8. El derecho a sacar ideas de un libro.
9. El derecho a leer en voz alta.
10. El derecho a hacernos callar.

DANIEL PENNAC